Quell

Reinhard Abeln

Etwas zum Freuen hat jeder Tag

Quell

Die Deutsche Bibliothek – CIP-Einheitsaufnahme

Abeln, Reinhard:
Etwas zum Freuen hat jeder Tag/Reinhard Abeln. – 2. Aufl.. –
Gütersloh: Quell, 2000
ISBN 3-579-03401-4

ISBN 3-579-03401-4
2. Auflage, 2000
© Quell / Gütersloher Verlagshaus, Gütersloh 1999

Umschlaggestaltung: Otfried Kegel
Umschlagmotiv: Auguste Renoir, »Scène du jardin
en Bretagne« (Garten in der Bretagne), um 1886
Foto: Archiv für Kunst und Geschichte, Berlin
Gesamthestellung: Maisch & Queck, Gerlingen
Gedruckt auf chlorfrei gebleichtem Werkdruckpapier
Printed in Germany

Täglich etwas Neues

Ei, bin ich denn darum
achtzig Jahre alt geworden,
daß ich immer
dasselbe denken soll?
Ich strebe vielmehr,
täglich etwas anderes,
Neues zu denken,
um nicht langweilig zu werden.
Man muß sich immerfort
verändern, erneuern, verjüngen,
um nicht zu verstocken.

Johann Wolfgang von Goethe

Inhalt

Ein Wort zuvor

Freude ist unser Lebenselixier. Wir brauchen sie wie das Fahrrad die Kette, die Lunge die Luft und der Vogel die Flügel. Das gilt auch – vielleicht sogar gerade – für die Zeit des Älterwerdens.

Natürlich hat das Alter auch Schattenseiten, aber es hat genausoviel Sonne. Und dieses Licht, die Freuden des Alters, kann jeder Mensch erfahren und genießen.

Die Beiträge dieses Buches wollen Sie, liebe Leserinnen und Leser, auf der Suche nach den Freuden im Alter ein wenig begleiten. Sie wollen Ihnen helfen, auch in reifen Jahren glücklich zu sein. Das Buch möchte Ihnen Anregungen geben, in kleine Erzählungen, Märchen oder kurze Episoden verpackt, und dabei zeigen, wie wichtig es ist, gerade auch »im Ruhestand« den Humor zu behalten.

Eine charmante alte Dame sagte eines Tages: »Es ist beglückend zu wissen, daß man in seinen alten Tagen viel Zeit hat, sich der Freude zu öffnen. Und wenn es gelingt, mit sich selbst, mit anderen und mit Gott zufrieden zu sein, dann macht das Leben auch im Alter viel Freude!«

Auf eine logische und systematische Anordnung der einzelnen Kapitel dieses Buches wurde bewußt verzichtet. Das menschliche Leben verläuft immer a-logisch und un-systematisch. Wer will, kann von jedem Punkt der Peripherie aus zur Mitte vorstoßen. Was er dazu braucht, ist lediglich ein »hörendes Herz« (1. Könige 3,6), etwas innere Beweglichkeit und ein klein wenig Zeit!   Reinhard Abeln

Sei freundlich gegen jedermann,
das macht so froh und warm.
Wer Glück und Sonne spenden kann,
wird nie im Leben arm.

*

Ein bißchen mehr Freude,
weniger Streit,
etwas mehr Güte,
weniger Neid,
auch viel mehr Wahrheit immerdar,
und viel mehr Hilfe bei Gefahr,
ein bißchen mehr »wir«,
weniger »ich«,
ein bißchen mehr Kraft,
nicht so zimperlich,
und viel mehr Blumen während des
    Lebens;
denn auf den Gräbern sind sie
    vergebens.

Mit Humor geht vieles leichter

»Mein guter Freund«, schrieb ein Siebzig-
jähriger an einen alten Bekannten, »oft
meine ich, wir älteren Menschen sind viel
zu sehr mit uns selbst beschäftigt. Unser
Denken kreist zu sehr um das eigene Ich. Es
ist ein Vorrecht der jungen Generation, ihrer Schaffensfreude im Leben angemesse-
nen Raum zu gewähren. Sie – die jungen
Menschen – brauchen phantasievolle An-
triebskräfte für die Entfaltung ihrer Anla-
gen und Fähigkeiten. Wir Älteren dagegen
sollten uns allmählich der Werte bewußt
werden, die auch zu einem erfüllten Leben
gehören. Sie sind im Schaffensdrang frühe-
rer Jahre oft nicht hinreichend zum Tragen
gekommen. Ich meine Eigenschaften wie
Heiterkeit, Gelöstheit, Humor. Sie sind ge-
eignet, uns aus der Gefangenschaft im eigenen Ich zu befreien. Wenn wir diese Werte
nicht nur wortreich preisen, sondern sie
einüben und aus ihnen heraus zu leben ver-

suchen, dann gewinnt unser Dasein an Reichtum – und vermag auch anderen eine gültige Hilfe zu geben.«

Aus diesem Brief geht deutlich hervor, daß Heiterkeit für das Leben eines älteren Menschen eine große Bereicherung ist. Mit etwas Humor im Herzen kann jeder die ihm von Gott gestellte Lebensaufgabe leichter und besonnener meistern.

Natürlich kann man ohne Heiterkeit im Herzen leben, aber ich frage Sie, liebe Leserinnen und Leser: Ist das denn ein Leben? Es wäre ein armseliges Leben! Denn Humor ist das Öl in unserem Leben. Er ist so wichtig wie der Sauerstoff für die Lunge und das Salz für die Suppe. Das gilt auch, ja besonders, für die Zeit des Altseins.

Das Wort »Humor« kommt ursprünglich aus der lateinischen Sprache. »Humor« heißt »Feuchtigkeit«, »Saft«. Die Medizin des Altertums meinte, daß im Menschen verschiedene Säfte (humores) am Werk seien. Von der Mischung dieser Säfte hänge es ab, ob der Mensch schwerblütig, heißblütig, kaltblütig oder leichtblütig sei. Wenn der schwarze Saft im Menschen überwiege, dann sei dieser Melancholiker. Hätten die Säfte jedoch das richtige Mischungsverhältnis, so erwachse daraus das humorvolle Temperament.

Es ist niemandem verwehrt, sich über alles im Leben zu ärgern, nur *verpflichtet* ist man dazu nicht. In der Heiligen Schrift, im Buch Jesus Sirach, ist zu lesen: »Überlasse dich nicht der Sorge, schade dir nicht selbst durch dein Grübeln! Frohsinn verlängert die Tage. Überrede dich selbst, beschwichtige dein Herz, halt Verdruß von dir fern! Denn viele tötet die Sorge, und Verdruß hat keinen Wert. Neid und Ärger verkürzen das Leben, Kummer macht vorzeitig alt.« (Jesus Sirach 30,21–24)

Wem von uns klingt nicht noch das mahnende Wort des Klassenlehrers in den Ohren, wenn jemand den schulischen Erfordernissen nicht den gebührenden Respekt gezollt hatte. »Freundchen«, sagte er dann, »dir wird das Lachen schon noch vergehen!« Und vielen ist es in der Tat vergangen, weil der heraufbeschworene Ernst des Lebens ihnen schwerer als erwartet zugesetzt hat.

Echte Fröhlichkeit zählt heute zu den immer seltener werdenden Kostbarkeiten des Lebens. Aber gerade weil sie so wichtig ist, müssen wir diese Fähigkeit wieder lernen und einüben. Ja, Sie haben richtig gelesen: lernen und einüben. Sie kommt nicht von allein oder läßt sich einfach von außen überstülpen.

Heiterkeit wächst und reift *von innen her.* Die Einübung dieser Tugend bedarf darum weniger der körperlichen Anstrengung als vielmehr einer gesunden Selbsterziehung und Selbsteinschätzung. Und das Rezept müßte lauten: sich weniger wichtig nehmen, Abstand zu den Dingen gewinnen, Gereiztheiten ablegen, mit Gelöstheit reagieren!

Zum Vorbild können wir uns dabei Papst Johannes XXIII. (1881–1963) nehmen. Er war ein Papst, der von vielen Menschen –

quer durch alle Kirchen und Religionsge-
meinschaften – geachtet und geliebt wurde,
ein Mann, der viel Sinn für Humor hatte.
Von ihm wird folgende Begebenheit erzählt:

Eines Tages hatte Papst Johannes XXIII.
einen Erzbischof zum Kardinal ernannt –
»kreiert«, wie es in der kirchlichen Fach-
sprache heißt. Einige Zeit später wurde der
neue Kardinal von ihm in Audienz empfangen. Aber – wie sah er aus! Völlig abgema-
gert und nervös! Johannes XXIII. war sehr
überrascht und fragte ihn: »Eminenz, wie
geht es Ihnen denn?«

Der Kardinal, ein ernster Mann, rückte
nach einigem Zögern mit der Sprache heraus: »Es geht mir gar nicht gut. Seit der Er-
nennung zum Kardinal schlafe ich schlecht,
habe keinen Appetit, es geht mir einfach
schlecht an Leib und Seele. Ich mache mir
Tag und Nacht Sorgen um die Kirche, die
schlimmen Zeiten entgegengeht. Die Ver-
antwortung lastet schwer auf mir; überdies
ist es ausgesprochen schwer, Hirte einer so
verwirrten Herde zu sein.«

Der gütige Papst hörte geduldig und still vor sich hinlächelnd zu und meinte dann: »Mir ist es ähnlich ergangen, als ich Papst geworden bin. Ich habe anfangs auch schlecht geschlafen, überall habe ich unerfüllte und unerfüllbare Aufgaben gesehen. Doch jetzt geht es mir besser; ich kann auch wieder schlafen und bin morgens ausgeruht.«

Der Kardinal fragte: »Nehmen Eure Heiligkeit abends ein ›Mittel‹?« Johannes XXIII. verneinte und erklärte – wiederum lächelnd: »Eines Nachts, als ich wach da gelegen habe, hatte ich einen Traum. Mein Schutzengel ist mir erschienen und hat mir gesagt: ›Giovanni‹ (so hieß der Papst mit Taufnamen), ›nimm dich nicht so wichtig!‹«

Ein wunderbares, nachdenkenswertes Wort! Allein für dieses Wort hätte Papst Johannes XXIII. den »Orden wider den tierischen Ernst« verdient gehabt. Ich glaube, dieser Papst hätte ihn sogar angenommen …

Echte Fröhlichkeit macht frei! Sie läßt uns über die »Kochtopfperspektive« des eigenen Ichs hinaussehen. Sie bewirkt, daß wir nicht zum Gefangenen unserer Selbst werden. Gleichzeitig schenkt sie uns jenen Raum, der es uns ermöglicht, Gottes Absichten und Pläne in unserem Leben mehr als bisher zur Geltung zu bringen.

Es gibt unter jungen Leuten eine Redensart, die viel Wahrheit enthält. So sagen heranwachsende Mädchen und Jungen sehr oft zu ihren Eltern: »Das darfst du nicht so eng sehen!« Was bedeutet das?

Wer sich zu sehr mit Kleinem aufhält, könnte die Freiheit zu einer großmütigen Geste verlernen und selber kleinlich werden. Wer sich im täglichen Kampf mit tausend oft lächerlichen Hemmnissen aufreibt, wird leicht kurzsichtig und humorlos, engstirnig und skrupulös. Er verliert die großen Horizonte aus den Augen.

Also: Setzen wir hinüber über die Hindernisse unseres Lebens oder eilen wir an ihnen vorbei, wenn sie uns den Weg zu wahrer, reifer Heiterkeit und Fröhlichkeit versperren! Anton Kner, ein erfahrener Alten- und Krankenhausseelsorger, hat einmal gesagt: »Füge deinem Leben nicht nur *Jahre* zu, sondern füge deinen Jahren auch *Leben* zu!«

Ich wünsche Ihnen, liebe Leserinnen und Leser, mitten in aller Not und mitten im Ernst des Lebens einen gesunden Humor!

Freude ist Kraft. Wer tief froh ist,
kann viel leichter gut sein.

Werner de Boor

*

Das Beste, was wir auf der Welt
tun können, ist Gutes tun, fröhlich
sein und die Spatzen pfeifen lassen.

Don Bosco

*

Wer nicht lächeln kann, soll auch
keinen Laden aufmachen.

Chinesisches Sprichwort

*

Für wahrhaft gute Menschen gibt
es keine größere Freude, als anderen Freude zu bereiten.

Bischof Wilhelm Keppler

Freude will nach außen dringen,
sperrt man sie im Engen ein,
hört sie plötzlich auf zu singen,
hört sie auf, ein Glück zu sein.

✳

Wie sich dein Leben wendet,
wie lang dich's quält,
wie kurz dir's lacht:
Die Zeit ist nie verschwendet,
in der du jemand froh gemacht.

✳

Ein freudiges Wort
ist wie eine Brücke.

✳

Willst du glücklich sein im Leben,
trage bei zu andrer Glück;
denn die Freude, die wir geben,
kehrt ins eigne Herz zurück.

Hab Sonne im Herzen

Hab Sonne im Herzen,
ob's stürmt oder schneit,
ob der Himmel voll Wolken,
die Erde voll Streit!

Hab Sonne im Herzen,
dann komme, was mag!
Das leuchtet voll Licht dir
den dunkelsten Tag.

Hab ein Lied auf den Lippen
mit fröhlichem Klang,
und macht auch des Alltags
Gedränge dich bang!

Hab ein Lied auf den Lippen,
dann komme, was mag!
Das hilft dir verwinden
den einsamsten Tag.

Hab ein Wort auch für andre
in Sorg und in Pein,
und sag, was dich selber
so frohgemut läßt sein:

Hab ein Lied auf den Lippen,
verlier nie den Mut,
hab Sonne im Herzen,
und alles wird gut!

Cäsar Flaischlen

Beim Zahnarzt

Der alte Lehrer muß zum Zahnarzt. Dieser ist ein ehemaliger Schüler von ihm. Die Behandlung gestaltet sich schwieriger als erwartet.

Nachdem der Zahn endlich draußen ist, stöhnt der alte Lehrer: »Oh, lieber Herr Brunnhuber, schon in der Schule konnten Sie nicht gut Wurzeln ziehen!«

Vor der Verkehrsampel

Mitten im Winter geht einer alten Dame vor einer Verkehrsampel der Motor aus. Sie strapaziert den Anlasser, immer und immer wieder, doch der Motor will nicht anspringen. Hinter ihr läßt ein ungeduldiger junger Mann ohne Pause seine Hupe ertönen.

Stirnrunzelnd steigt die alte Dame aus ihrem Wagen und geht zu ihrem Hintermann.

»Es tut mir schrecklich leid«, erklärt sie dem jungen Mann, »aber ich bekomme den Motor nicht wieder in Gang. Wenn Sie vielleicht in mein Auto gehen und es versuchen wollten, dann würde ich so lange hier bleiben und auf Ihre Hupe drücken.«

Baugenehmigung

Herr Huber, fast siebzig Jahre alt, läßt sich beim Arzt untersuchen.

»Meine Füße schwellen immer so an«, klagt er dem Arzt sein Leid.

»Hm, das ist Wasser, mein Lieber, ziemlich viel Wasser«, bekommt er zur Antwort.

»Ja, und dann habe ich immer solche Schmerzen in der Galle.«

»Das sind Steine, guter Mann, Steine«, sagt der Arzt.

»Und ich kann mir auch nichts mehr richtig merken, mein Gedächtnis läßt so nach.«

»Klarer Fall«, meint der Arzt, »das ist Kalk!«

Herr Huber hört auf zu klagen. »Na, dann«, sagt er heiter, »dann brauche ich ja jetzt bloß noch eine Baugenehmigung.«

Schon skalpiert

Auf der Dorfstraße vor dem Schulhaus spielen Kinder Indianer. Der Lehrer, der gerade vorbeigeht und ein wenig interessiert zuschaut, fragt freundlich: »Darf ich auch mitspielen?«

Da meldet sich der kleinste der Jungen zu Wort, sieht nachdenklich auf die Glatze des Lehrers und sagt: »Das hat wenig Sinn, Herr Lehrer, Sie sind ja schon skalpiert!«

Großmutters Raupenbrosche

Eigentlich hätte ich eine gute Pfarrfrau werden müssen, denn eine lange Reihe von Pfarrfrauen, mütter- und väterlicherseits, marschierte mir voran. Alle waren sie besonders begnadete Menschen gewesen. Mütter ihrer Gemeinden, Stützen ihrer Pfarrherren, Muster an Opferbereitschaft und Frömmigkeit. Eine, die selige Pauline Wettstein, führte sogar den Spruch im Wappen: »Ich nütze mich ab, um zu nützen«. Eine wunderbare Frau! Es war viel von ihr die Rede in meinem Elternhaus. Früher hatte sie »von Wettstein« geheißen, aber, des weltlichen Tandes satt, vermochte sie ihren Mann zu bewegen, das eitle »von« aus seinem Namen zu streichen. Diese Tat trug ihr viel Ehre ein.

In meinem Schmuckkästchen liegt noch heute die sagenumwobene »Raupenbrosche« der Großmutter Lina-Maria. Nicht, daß ich diese Brosche, uralt und granatenverziert, jemals getragen hätte. Sie gefiel mir ebenso wenig wie Großmutter Lina-Maria. Doch war sie das strahlende Zeichen der Selbstüberwindung dieser trefflichen Frau. Selten verging eine Gesellschaft in meinem Elternhaus, ohne daß die Brosche hervorgeholt und herumgereicht wurde. Man streichelte sie ehrfürchtig. Während die Reliquie von Hand zu Hand ging, erzählte ein Eingeweihter die Legende von »Großmutters Raupe«.

Da war sie also in Mannheim bei Hofe eingeladen, Lina-Maria, die Frau des würdigen Hofpfarrers. Mit illustren Gästen saß sie an fürstlicher Tafel. Lakaien servierten die Speisen, und der lieben Großmama spendierten sie als Beigabe eine Raupe. Entsetzt starrte die Gastgeberin auf Großmamas Teller. Dort lag das Tier, benommen von Öl und Essig, im Salat. An dieser Stelle ergingen sich die Erzähler in phantasievollen Beschreibungen. Sie schilderten die abstoßende Häßlichkeit der Raupe: grün, dick, behaart, oder sie ließen sie aus der

Ohnmacht erwachen und mit schlängeln-
den Bewegungen durch den Salat kriechen.
Sie berichteten von Großmamas innerem
Kampf, aufsteigendem Ekel und einem
Stoßgebet. Alle Erzähler aber waren sich
einig, daß der Augenblick der Anfechtung
nur kurz, die Tat jedoch groß und edel gewesen sei. Großmama wickelte die Raupe
in ein Salatblatt, führte die Packung zum
Munde und verspeiste sie. Befreit seufzte
die Gastgeberin. Das Ärgernis war ver-
schwunden. Die Küche des Hauses blieb
frei von jedem Makel. Großmama hatte die
fürstliche Ehre gerettet. Dafür wurde ihr
nach dem Mahl von der dankbaren Fürstin
diese Brosche überreicht.

Meine Mutter hatte sie geerbt und in
hohen Ehren gehalten. Weil nun auch ich
Pfarrfrau geworden war und weil ich dem
Format der seligen Großmutter so wenig
entsprach, hatte man mir die Brosche in der
Hoffnung überreicht, sie werde durch ihr
bloßes Dasein eine heilsame Wandlung in
mir vollziehen. Ich trug die Raupenge-

schichte auch zu Markte. Besonders meinem Sohn Andreas, der jeden Mehlklumpen aus der Soße fischte, erzählte ich sie in allen Einzelheiten und sparte nicht mit lehrreichen Nutzanwendungen. Er hörte die Geschichte immer wieder gern und voll frommem Schauder.

Dann wurden wir einmal bei einer alten Dame zum Essen eingeladen. Sie war zwar nicht von fürstlichem Geblüt, aber sie hieß Frau Kaiser, bewohnte ein schloßähnliches Haus und war sehr vornehm. Andreas, damals fünf Jahre alt, hielt sie für eine wirkliche Kaiserin und hatte schon mehrfach verstohlen in die Schubladen der alten Schränke geschaut, um die Krone zu finden.

Nun saßen wir an festlich gedeckter Tafel. Der Salat wurde serviert, auf meinem Teller saß eine Schnecke. Verstohlen blickte ich in die Runde. Die Gastgeberin unterhielt sich mit Manfred, aber Andreas hatte die Gabel beiseite gelegt und schaute aufmerksam auf meinen Salatteller. Er sah die

Schnecke, und er kannte die Geschichte von Großmutters Raupe. Es half nichts, ich mußte das Tier essen, wollte ich dem Kind nicht das letzte bißchen Glauben an die Größe der Mutter nehmen. Ich mag Schnekken nicht einmal gekocht im Restaurant aus appetitlicher Pfanne. Diese hier war putzmunter. Ich wünschte der seligen Großmutter dieses und jenes, aber bestimmt nichts Gutes, wickelte die Schnecke in ein Salatblatt und war bereit, sie zum Munde zu führen. Da sagte Andreas laut und deutlich: »Mulchen, da ist ne Schnecke!« Ich ließ die Gabel sinken, die Schnecke kroch wohlbehalten aus dem Blatt. »Du hättest sie fast gegessen!« sagte Andreas vorwurfsvoll, »und sie ist doch noch lebendig!« Die alte Dame unterbrach ihre Unterhaltung.

»Nein, so was!« rief sie, »ich habe den Salat doch dreimal gewaschen. Was für ein Glück, daß Andreas so gute Augen hat!« Mein Salatteller wurde fortgetragen, ich bekam einen neuen, und Frau Kaiser ermahnte uns, nur jedes Blättchen genau zu betrachten, bevor wir es zum Munde führten. Manfred erzählte, wie ich ihm eine Linsensuppe vorgesetzt habe, in der sich ein Stein befand, und wie ihn diese Suppe fast einen Zahn gekostet hätte. Es wurde ein vergnügtes Mittagessen.

Als wir gingen, nahm die alte Dame Andreas beiseite und schob ihm ein Päckchen zu. »Das Taschenmesser wollte ich eigentlich meinem Enkel schenken«, sagte sie, »aber weil du so ein aufgeweckter und gescheiter Bub bist, sollst du es haben.« Auf dem Heimweg sprang Andreas voraus und schnippte mit seinem Taschenmesser Blätter von den Büschen. Dann blieb er stehen. »Weißt, Mulchen«, sagte er, »die Geschichte von Großmutters Raupe find ich richtig blöd!«

Amei-Angelika Müller

Elektrisch geladen

Ein älteres Ehepaar macht eine Reise in die Vergangenheit. Dabei kommt es auch in ein kleines Dorf, wo beide einst sehr glücklich waren.

Auf einem Spaziergang nimmt der Ehemann seine Frau plötzlich zärtlich in die Arme, lehnt sie wie damals gegen den Drahtzaun und küßt sie innig.

»Das ist ja unglaublich«, wundert er sich, »du zitterst ja heute noch genauso wie damals!«

»Kein Wunder«, antwortet sie, »der Zaun ist ja inzwischen elektrisch geladen!«

Wie alt?

»Frau Zeugin, wie alt sind Sie?« fragt der Richter in der Gerichtsverhandlung.

»Ich komme in die dreißiger Jahre, Herr Richter.«

»So, so – und aus welcher Richtung?«

Geheiratet

»Opa«, fragt der kleine Enkel den Großvater, »warum hast du eigentlich geheiratet?«

»Ganz einfach, mein Junge«, gibt dieser zur Antwort. »In meiner Jugend hat es keine Waschmaschine gegeben, keine Geschirrspülmaschine, keinen Mikrowellenherd, keinen Staubsauger. Da hat man sich eben eine Frau nehmen müssen!«

Parklücke

Ein junger Polizist beugt sich über eine ältere Frau, die ganz in sich versunken auf dem Rinnstein sitzt.

»Kann ich Ihnen helfen, meine Dame?«

»Setzen Sie sich ruhig neben mich«, erwidert die Frau, »dann halten wir zusammen für meinen Mann die Parklücke frei!«

Nur der Mensch kann lachen

Haben Sie, liebe Leserinnen und Leser, heute schon gelacht? Nein? Oder vielleicht doch schon? Ein geflügeltes Kalenderwort, das viel Wahrheit enthält, lautet: »Ein Tag, an dem du nicht gelacht hast, war ein verlorener Tag.«

Das Lachen ist eine ganz besondere und wunderbare Gabe, die Gott dem Menschen geschenkt hat. Nur der Mensch kann lachen. Das Tier lacht nicht. Es empfindet Lust und äußert sein Lustgefühl in bestimmten Reaktionen. Hunde bellen vor Freude, Katzen »schnurren«, wenn man sie streichelt – aber sie lachen nicht.

Das Lachen stammt (wie das Weinen) aus einer Lebenshaltung, zu der das Tier nicht fähig ist. Das Tier ist munter, aber nicht heiter. Das Tier hat nur ein dumpfes Selbstbewußtsein und kann zu sich selbst nicht »ich« sagen oder gar von sich selbst Abstand gewinnen. Es befindet sich gleichsam im Gehäuse seiner Triebe, denen es ausgeliefert ist. Das Tier bewegt sich ausschließlich auf der vom Trieb vorgezeichneten Schmalspur und verfällt zwangsläufig der Lustlosigkeit, wenn seine Triebe keine Erfüllung finden. Es kann sich nicht ausweichen und hat vor allem keinen Abstand zu dem, was ihm begegnet. Das Lachen setzt aber gerade diese Distanz voraus.

Der Abstand ist jedoch nur dann möglich, wenn eine gewisse Weite des Bewußtseins vorhanden ist. Wir können es auch einfacher sagen: Das Tier kann nicht lachen, weil ihm der Geist fehlt. Aus demselben Grunde kann es ja auch nicht sprechen. Nur wer Geist hat, kann sprechen und lachen. Das Lachen ist deswegen eine Besonderheit des Menschen.

Schwer zu erklären ist, *warum* wir eigentlich lachen. Jeder weiß, wie wohltuend und befreiend die Entspannung aller Muskeln beim Lachen ist. Es gibt zahlreiche Bücher, die über das Lachen (und Weinen) geschrieben worden sind. Doch nirgends habe ich eine richtige Definition des Lachens gefunden.

Vielleicht ist es aber auch gar nicht notwendig zu sagen, was das Lachen eigentlich ist. Denn jeder weiß ja, daß es ein Ausdruck der Freude über etwas Schönes, Überraschendes, Widerspruchsvolles oder Komisches ist. Wir lachen vor Freude, manchmal auch aus Schadenfreude oder Spott.

Das Lachen kann ausgelassen sein oder beherrscht. Es kann herzlich und spöttisch oder gar teuflisch sein. Auf alle Fälle ist das Lachen eine gute Anlage, die jeder von uns von Gott bekommen hat, eine Anlage, die freilich – wie alles im Leben – auch mißbraucht werden kann.

Manchen Menschen gelingt es, selbst dann noch zu lächeln, wenn ihnen eigentlich gar nicht zum Lachen zumute ist, wenn sie etwas Arges, Dunkles oder Schreckhaftes erleben müssen. Das hat jedoch mit Galgenhumor nichts zu tun. Wer bloß Galgenhumor hat, fügt sich dumpf und stumpf in das Unvermeidliche. Er ist müde, hat kapituliert und resigniert und hat keinen Schwung mehr.

Natürlich ist das Leid im Leben schwer zu ertragen, läßt uns etwa eine Krankheit bittere Stunden erleben. Aber ist das alles schon ausreichend, um vor dem einfallenden Sonnenstrahl der Heiterkeit die Läden zu verschließen und in finsterer Resignation den Weltschmerz auszubrüten? Nein! »Was würde wohl aus uns werden«, fragte schon im 16. Jahrhundert die heilige Theresa von Avila, »wenn jeder das bißchen Humor, das in ihm steckt, unterdrücken wollte?«

Da gab es einen älteren Mann, der so natürlich und herzlich lachen konnte, daß alle viel Freude an ihm hatten. Er war immer zu einem Späßchen aufgelegt. Noch auf dem Sterbebett strahlte er Fröhlichkeit aus. »Ich weiß gar nicht«, sagte er leise lächelnd, »anderen Leuten fällt das Sterben so leicht, und mich bringt es schier um!«

Als Christen wollen wir Gott dankbar sein für die köstliche Gabe des Lächelns und des Lachens, für die Freude, für den Humor!

Wissen Sie, liebe Leserinnen und Leser, daß Lachen und Humor eine *gute* Medizin für den Menschen sind – für Leib und Seele? Die moderne Psychologie bestätigt dies: Freude, die Quelle des Lächelns und des Lachens, macht gesund, fördert das körperliche und seelische Wohlbefinden. Freudlosigkeit dagegen macht krank, trocknet Körper und Seele aus. Ohne Freude geht der Mensch ein wie eine zu trocken gehaltene Orchidee.

Die Freude am Kleinen ist die schwerste Freude. Es gehört ein großes königliches Herz dazu.

Johann Wolfgang von Goethe

*

Freude ist ein lichter, bunter Schmetterling, dem wir alle nachjagen.

Adalbert Ludwig Balling

*

Altsein ist ein herrlich Ding, wenn man nicht verlernt hat, was anfangen heißt.

Martin Buber

*

Die Zeit ist ein guter Arzt, aber ein schlechter Kosmetiker.

Somerset Maugham

Nur zwei Dinge behält eine Frau für
sich: ihr Alter und was sie selbst nicht
weiß.   aus Bulgarien

*

Viele Menschen werden nur deshalb
nicht achtzig, weil sie zu lange versucht haben, vierzig zu bleiben.

aus Deutschland

*

Was ist das Alter? Niesen, husten und
fragen, wie spät es ist.   aus Spanien

*

Jede Minute, die man lacht, verlängert
das Leben um eine Stunde.   aus China

Wenn dich die Menschen ärgern,
so ärg're du sie nicht,
sei wie die liebe Sonne,
lach' andern ins Gesicht!

✻

Wer lächelt, statt zu toben,
ist immer der Stärkere.

✻

Der traurigste aller Tage ist der,
an dem man nicht gelacht hat.

✻

Der kürzeste Weg
zwischen zwei Menschen
ist ein Lächeln.

Im botanischen Garten

Zwei Brüder gehen mit ihrer Großmutter im botanischen Garten spazieren. Sie kommen an einem romantischen Teich vorbei, der mit Wasserpflanzen bewachsen ist. Die Großmutter bleibt stehen und sagt verzückt: »Stellt euch mal vor, ihr zwei, aus so einem Teich hat der Storch euch geholt und der Mama gebracht.«

Die beiden sehen sich an und grinsen.

Dann flüstert der eine: »Sollen wir sie aufklären, oder lassen wir sie dumm sterben?«

Telefonmasten

Eine alte Dame fährt mit ihrem Wagen die Straße entlang. Da sieht sie, wie ein paar Arbeiter die Telefonmasten besteigen.

»Idioten«, faucht sie, »so schlecht fahre ich nun auch wieder nicht!«

Langeweile

Die siebzigjährige Ehefrau beklagt sich bei ihrem Mann über die tägliche Langeweile: »Niemals gehen wir irgendwohin oder treffen uns mit jemandem. Jeden Abend sitzen wir nur hier vor dem Fernseher. Ich halte das nicht mehr aus!«

Der Ehegatte überlegt einen Augenblick und meint dann galant: »Sollen wir mal die Plätze tauschen?«

Ohne weiteres

Ein alter Herr und ein junger Mann suchen einen Parkplatz. Nach einer Weile wird einer frei. Der junge Mann ist mit seinem Sportwagen schneller, drängt sich blitzschnell vor und parkt ein.

Schadenfroh ruft er dem Alten zu: »Wenn man jung und schnell ist, geht das ohne weiteres!«

Der alte Mann fackelt nicht lange, gibt seinem Auto die Sporen und fährt voll auf den Sportwagen auf. Der Schaden ist erheblich.

Dann ruft er dem jungen Mann zu: »Wenn man alt und reich ist, geht das ohne weiteres!«

Keine Aufregung

»Regen Sie sich nicht auf«, sagt der Arzt zur Patientin, »ich habe Sie genau untersucht. Mit Ihrem Leiden können Sie ohne weiteres achtzig Jahre alt werden.«

Die Patientin erschrickt und fällt in tiefe Ohnmacht.

Der Arzt bringt sie wieder zu sich und meint: »Warum fallen Sie denn um, wenn ich Ihnen sage, daß Sie leicht achtzig Jahre alt werden können?«

»Wissen Sie, Herr Doktor«, antwortet die Patientin, »ich bin doch schon siebenundachtzig!«

Der geheilte Patient

Reiche Leute haben trotz ihren gelben Vögeln doch manchmal auch allerlei Lasten und Krankheiten auszustehen, von denen, gottlob! der arme Mann nichts weiß; denn es gibt Krankheiten, die nicht in der Luft stecken, sondern in den vollen Schüsseln und Gläsern und in den weichen Sesseln und seidenen Betten, wie jener reiche Amsterdamer ein Wort davon reden kann.

Den ganzen Vormittag saß er im Lehnstuhl und rauchte Tabak, wenn er nicht zu faul war, oder hatte Maulaffen feil zum Fenster hinaus, aß aber zu Mittag doch wie ein Drescher, und die Nachbarn sagten manchmal: »Windet's draußen oder schnauft der Nachbar so?« Den ganzen Nachmittag aß und trank er ebenso, bald etwas Kaltes, bald etwas Warmes, ohne Hunger und ohne Appetit, aus lauter Langeweile bis an den Abend, also daß man bei ihm nie recht sagen konnte, wo das Mittagessen aufhörte und wo das Nachtessen anfing. Nach dem Nachtessen legte er sich ins Bett und war so müde, als wenn er den ganzen Tag Steine abgeladen oder Holz gespalten hätte.

Davon bekam er zuletzt einen dicken Leib, der so unbeholfen war wie ein Maltersack. Essen und Schlaf wollten ihm nimmer schmecken, und er war lange Zeit, wie es manchmal geht, nicht recht gesund und nicht recht krank; wenn man aber ihn selber hörte, so hatte er 365 Krankheiten, nämlich alle Tage eine andere.

Alle Ärzte, die in Amsterdam waren, mußten ihm raten. Er verschluckte ganze Feuereimer voll Arzneien und ganze Schaufeln voll Pulver und Pillen wie Enteneier so groß, und man nannte ihn zuletzt scherzweise nur die zweibeinige Apotheke. Aber alle Arzneien halfen ihm nichts; denn er befolgte nicht, was ihm die Ärzte befahlen, sondern sagte: »Wofür bin ich ein reicher Mann, wenn ich soll leben wie ein

Hund und der Doktor will mich nicht gesund machen für mein Geld?«

Endlich hörte er von einem Arzt, der hundert Stunden weit weg wohnte, der sei so geschickt, daß die Kranken gesund würden, wenn er sie nur recht anschaue, und der Tod gehe ihm aus dem Wege, wo er sich sehen lasse.

Zu dem Arzte faßte der Mann ein Zutrauen und schrieb ihm seinen Zustand. Der Arzt merkte bald, was ihm fehlte, nämlich nicht Arznei, sondern Mäßigkeit und Bewegung, und sagte: »Wart, dich will ich bald kuriert haben!«

Deswegen schrieb er ihm ein Brieflein folgenden Inhalts: »Guter Freund, Ihr habt einen schlimmen Umstand; doch wird Euch zu helfen sein, wenn Ihr folgen wollt. Ihr habt ein böses Tier im Bauch, einen Lindwurm mit sieben Mäulern. Mit dem Lindwurm muß ich selber reden, und Ihr müßt zu mir kommen. Aber fürs erste dürft Ihr nicht fahren oder auf dem Rößlein reiten, sondern auf des Schuhmachers Rappen; sonst schüttelt Ihr den Lindwurm, und er beißt Euch die Eingeweide ab, sieben Därme auf einmal ganz entzwei. Fürs andere dürft Ihr nicht mehr essen als zweimal des Tages einen Teller voll Gemüse, mittags ein Bratwürstlein dazu und nachts ein Ei und am Morgen ein Fleischsüpplein mit Schnittlauch drauf. Was Ihr mehr esset, davon wird nur der Lindwurm größer, also daß er Euch die Leber erdrückt, und der Schneider hat Euch nimmer viel anzumessen, aber der Schreiner. Dies ist mein Rat, und wenn Ihr mir nicht folgt, so hört Ihr im andern Frühjahr den Kuckuck nimmer schreien. Tut, was Ihr wollt!«

Als der Patient so mit sich reden hörte, ließ er sich sogleich den andern Morgen die Stiefel salben und machte sich auf den Weg, wie ihm der Doktor befohlen hatte. Den ersten Tag ging es so langsam, daß wohl eine Schnecke hätte können sein Vorreiter sein, und wer ihn grüßte, dem dankte er nicht, und wo ein Würmlein auf der Erde kroch, das zertrat er.

Aber schon am zweiten und am dritten Morgen kam es ihm vor, als wenn die Vögel schon lange nimmer so lieblich gesungen hätten wie heute, und der Tau schien ihm so frisch und die Kornrosen im Felde so rot, und alle Leute sahen so freundlich aus, und er auch. Und alle Morgen, wenn er aus der Herberge ging, war's schöner, und er ging leichter und munterer dahin.

Und als er am achtzehnten Tag in der Stadt des Arztes ankam und den andern Morgen aufstand, war es ihm so wohl, daß er sagte: »Ich hätte zu keiner ungeschickteren Zeit können gesund werden als jetzt, wo ich zum Doktor soll. Wenn's mir doch nur ein wenig in den Ohren brauste oder das Herzwasser liefe mir!«

Als er zum Doktor kam, nahm ihn dieser bei der Hand und sagte ihm: »Jetzt erzählt mir denn noch einmal von Grund aus, was Euch fehlt!«

Da sagte er: »Herr Doktor, mir fehlt, gottlob! nichts, und wenn Ihr so gesund seid wie ich, so soll's mich freuen.«

Der Doktor sagte: »Das hat Euch ein guter Geist geraten, daß Ihr meinem Rate gefolgt habt. Der Lindwurm ist jetzt abgestanden. Aber Ihr habt noch Eier im Leib; deswegen müßt Ihr wieder zu Fuß heimgehen und daheim fleißig Holz sägen, daß niemand es sieht, und nicht mehr essen, als Euch der Hunger ermahnt, damit die Eier nicht ausschlüpfen, so könnt Ihr ein alter Mann werden«, und lächelte dazu.

Aber der reiche Fremdling sagte: »Herr Doktor, Ihr seid ein feiner Kauz, und ich versteh Euch wohl«, und hat nachher den Rat befolgt und 87 Jahre 4 Monate 10 Tage gelebt, wie ein Fisch im Wasser so gesund, und hat alle Neujahr dem Arzt zwanzig Dublonen zum Gruße geschickt.

Johann Peter Hebel

Sonne und Regen,
die wechseln sich ab,
mal geht's im Schritt,
mal geht's im Trab.
Fröhlichkeit, Traurigkeit,
beides kommt vor,
eins nur ist wichtig:
Trag's mit Humor!

*

Und kommt es dir zuweilen vor,
als ächze schwer dein Lebenskarren,
öl' rasch die Räder mit Humor,
dann hört er wieder auf zu knarren.

*

Humor ist die beste Medizin,
die am wenigsten kostet
und am besten einzunehmen ist.

Der Humor ist keine Gabe
des Geistes,
er ist eine Gabe
des Herzens.   Ludwig Börne

*

Demut und Humor
sind einander verwandt.
Beide wissen
am Nichtigen
das Positive zu schätzen.

Rochus Spiecker

*

Dem Humor erscheint nicht alles
hell und himmelblau,
aber er sieht durch Nebel
und Wolken die Sonne.

Ein Lächeln kann Schmerzen lindern

Es war nur ein sonniges Lächeln,
es war nur ein freundliches Wort,
doch scheuchte es lastende Wolken
und schwere Gedanken fort.

Es war nur ein warmes Grüßen,
der tröstende Druck einer Hand,
doch schien's wie die leuchtende
   Brücke,
die Himmel und Erde verband.

Ein Lächeln kann Schmerzen lindern,
ein Wort kann von Sorgen befrei'n,
ein Händedruck Sünde verhindern
und Liebe und Glaube erneu'n.

Es kostet dich wenig, zu geben
Wort, Lächeln und helfende Hand,
doch arm und kalt ist dein Leben,
wenn keiner solch' Trösten empfand.

Gut gelaunt

»Mein Mann nennt mich immer Mausilein, wenn er gut gelaunt ist«, sagt Oma Brunner zu ihrer Nachbarin bei einer guten Tasse Kaffee.

»Wie bitte?« antwortet diese ein wenig überrascht. »Ihr seid doch beide schon über siebzig. Ist das nicht ein wenig übertrieben?«

»Da magst du recht haben«, meint Oma Brunner, »er war ja auch vor vierzig Jahren das letzte Mal gut gelaunt!«

Gemeinsame Zähne

Ein älteres schottisches Ehepaar geht in ein Speiserestaurant und bestellt ein Schinkenbrötchen und zwei Teller.

Der Ober bringt das Gewünschte. Nach einer Weile sieht er, daß die Frau mit gutem Appetit die eine Hälfte des Schinkenbrötchens ißt, während die andere Hälfte unberührt auf dem Teller des Ehemanns liegt.

»Schmeckt Ihnen das Schinkenbrötchen nicht?« fragt der Ober schließlich besorgt den Ehemann.

»Ich hoffe doch«, erwidert dieser, »ich muß nur noch etwas warten, weil meine Frau gerade unsere Zähne benutzt!«

❦ *Undankbare Kinder*

»Kinder sind das Undankbarste, was ich je im Leben erlebt habe«, klagt der alte Vater einem Freund.

»Da habe ich nun viele Jahre lang auf alles mögliche verzichtet, um meiner Tochter ein Medizinstudium zu ermöglichen. Jetzt ist sie Ärztin, und ich bin einer ihrer Patienten. Und was macht die dumme Göre? Sie verbietet mir alle Zigarren und jeglichen Alkohol!«

Der kranke Rabbi

Einmal mußte der Rabbi für eine Weile das Bett hüten, weil er ernstlich erkrankt war.

Die Frau des Rabbi war um die Gesundheit ihres Mannes sehr besorgt. Wenn sie an seinem Bett saß, konnte sie ihre Tränen oft nicht mehr zurückhalten.

Als der Rabbi seine Frau wieder einmal weinen sah, sagte er zu ihr: »Warum weinst du, meine Liebste? Geh und wasche dein Gesicht, zieh dein bestes Kleid an und lächle!«

»Aber Rabbi«, sagte die Frau, »das kann ich nicht, wenn du solche Schmerzen hast und soviel leidest!«

»Warum nicht?« erwiderte der Rabbi. »Ich weiß, daß bald der Todesengel kommen wird. Und wenn er sieht, wie schön du bist, dann wird er vielleicht seine Meinung ändern und dich mitnehmen – und nicht mich!«

Nach einer rabbinischen Geschichte

Der Unterschied

Was ist der Unterschied zwischen einem englischen, einem französischen und einem deutschen Rentner?

Der englische Rentner trinkt seinen Whisky und geht zum Pferderennen.

Der französische Rentner trinkt seinen Aperitif und geht Boules spielen.

Der deutsche Rentner nimmt seine Herztropfen und geht zur Arbeit.

Abituriententreffen

Herr Schlosser geht zum Abituriententreffen. Am nächsten Morgen fragt ihn seine Frau: »Wie war's gestern abend?«

»Das kannst du dir denken. Eine Menge alter Gesichter und neuer Zahnprothesen.«

Früher Tod

»Ein Wahrsager hat mir einen frühen Tod prophezeit«, sagt Frau Maier zu ihrer Nachbarin.

»Da sieht man, wie diese Menschen lügen«, erwidert diese.

Vorzügliche Creme

»Gehen mit dieser Creme auch wirklich alle Falten weg?« fragt eine mißtrauische Kundin den Verkäufer.

»Ganz gewiß, gute Frau«, erwidert dieser, »neulich hat sogar ein Kunde damit seine Wellblechgarage geglättet.«

Christen haben allen Grund zur Freude

Christen haben allen Grund, froh zu sein. Sie dürfen wirklich lachen. Gewiß kommen im Neuen Testament auch sehr ernste Worte vor. Da ist die Rede vom Untergang der Welt, vom Letzten Gericht, vom Teufel … Doch Evangelium heißt in erster Linie frohe Botschaft, gute Botschaft! Im Mittelpunkt steht die Freude!

Die frohe und frohmachende Botschaft des Evangeliums erlöst uns Menschen aus der Tragik einer aussichtslosen Existenz. Sie befreit uns vom tödlichen Ernst. Wir dürfen deshalb arbeiten und genießen, tanzen und singen, uns freuen und lieben mit einem ansteckenden Lachen. Das fröhliche Gesicht, die heitere Miene soll nicht für den Sonntag reserviert bleiben!

Gott will unser aller Wegbegleiter sein. Er will, daß jeder Mensch glücklich ist, ihm vertraut und sich geborgen weiß. Er will für uns, mit uns, bei uns sein.

Es gibt ein Antlitz, das Antlitz Gottes, das sich dem Menschen in Liebe zuneigt. Es ist dafür gesorgt, daß die Welt sich nicht selbst überlassen bleibt, sondern in die allumfassende Sorge des Vaters hineingenommen ist, daß auch mein persönliches Lebensschicksal von Gottes Liebe umfangen wird. Jesus hat uns diese frohmachende Botschaft gebracht.

Im Evangelium nach Matthäus (6,31f.) lesen wir den tröstlichen Satz: »Macht euch also keine Sorgen ... Euer himmlischer Vater weiß, daß ihr das alles braucht.« Wer um die Sorge des Vaters weiß und mit sich selbst nicht mehr im Streit liegt, hat die besten Voraussetzungen zu unkomplizierter Herzlichkeit und Fröhlichkeit.

Gott weiß um jeden von uns. Er kennt unsere Gedanken und Wege, umschließt uns von allen Seiten, hält seine Hand über uns (Psalm 139). Er läßt uns nicht fallen, vergißt keinen. Gott ist bei uns, auch wenn wir schlimme Zeiten durchmachen, wenn wir einsam und allein sind.

Eine Parabel aus Taizé erzählt folgendes: »Eines Nachts hatte ein Mensch einen Traum. Er ging mit Gott einen Strand entlang. Am Himmel leuchteten Szenen und Begebenheiten aus seinem Leben auf. Bei jedem Erlebnis aber bemerkte er im Sand zwei Paar Fußspuren: das eine Paar gehörte zu ihm, das andere zu Gott. Als die letzte Szene aufleuchtete, blickte er zurück und sah, daß lange Zeit am Weg nur ein Paar Fußspuren zu finden waren, und dies während der schwersten und traurigsten Zeit in seinem Leben.

Da fragte er Gott: ›Als ich mich entschied, dir zu folgen, sagtest du zu mir, du würdest den ganzen Weg mitgehen, weil du mich liebtest. Nun aber sehe ich, daß du in der schwersten Zeit meines Lebens nicht bei mir warst.‹ Gott aber lächelte liebevoll und antwortete: ›Mein Freund, ich habe dich wirklich lieb und dich nie verlassen. Während der Zeit, da du meine Fußspuren nicht zu sehen glaubtest, habe ich dich getragen.‹«

Ein Christ kann aus der Überzeugung leben, daß Gott alles zum Besten lenkt, daß er uns führt, wenn wir den Weg einmal nicht sehen können. Er darf ein froher Mensch sein, weil er sich von Gott gehalten weiß. Freude – eine Gabe des Heiligen Geistes – lebt von der Erfahrung Gottes: Er ist immer »um mich herum« – als Jahwe, als der Immanuel. Wir haben deshalb als Christen allen Grund, wirklich zu lachen und froh zu sein.

Ich wünsche Ihnen, liebe Leserinnen und Leser, ein fröhliches Herz, ein sonniges Gemüt, einen gesunden Humor! Vor allem aber wünsche ich Ihnen die Erkenntnis: Der letzte Grund jeglicher Fröhlichkeit liegt bei Gott, der uns in Liebe und Freude erschuf und uns auch schließlich und endlich zur Liebe und zur Freude berufen hat.

»Gott wird alles gut machen«

Eine fünfundachtzigjährige Frau wurde eines Tages gefragt, wie sie es geschafft habe, trotz ihres hohen Alters noch so froh und jung zu bleiben.

Die alte Dame gab – mit einem schelmischen Lächeln – zur Antwort:

»Ganz einfach. Ich hatte im Leben immer etwas zu tun, wurde von meinen Kindern, Enkeln und Urenkeln immer gebraucht und – ich habe jeden Tag gebetet, besonders für die Menschen, die selbst nicht zum Beten gekommen sind.«

»Und gab es sonst noch etwas?«

»Ja. Ich habe mich stets darum bemüht, meine Mitmenschen zu lieben und ihnen, wenn es nötig war, zu helfen. Ich habe immer versucht, gut zu sein.«

»Haben Sie eigentlich Angst vor dem Sterben?«

»Etwas schon. Aber ich vertraue darauf, daß Gott alles gut machen wird und daß ich im Himmel alle meine Verwandten, Bekannten und Freunde wiedertreffen werde.«

Reinhard Abeln

Der Mensch ist geboren für die Freude, er empfindet es und braucht dafür keinen Beweis. Blaise Pascal

✳

Kein Mensch taugt ohne Freude.

Walther von der Vogelweide

✳

Eine Welt, in der die Freude keinen Platz hat, muß untergehen.

Zenta Maurina

✳

Die Seele nährt sich von dem, worüber sie sich freut. Aurelius Augustinus

✳

Laß niemals einen Tag vergehen, an dem nichts Gutes ist geschehen!

66

Wenn du recht schwer betrübt bist,
daß du meinst,
kein Mensch auf der Welt
könne dich trösten,
so tue jemand etwas Gutes,
und gleich wird's besser sein.

❅

Man kann nicht jeden Tag
etwas Großes tun,
aber gewiß etwas Gutes.

❅

Ist einer heiter, so ist es einerlei,
ob er jung oder alt, gerade oder
buckelig, arm oder reich sei, er
ist glücklich. Arthur Schopenhauer

Vertauschte Brillen

Ein altes Ehepaar ruft im Fernsehgeschäft an und bittet darum, gleich einen Techniker zu schicken. Als dieser kommt, empfängt ihn die Frau fröhlich an der Tür und sagt zu ihm: »Es ist alles wieder in Ordnung!«

»Wie kommt denn das?« fragt dieser zurück.

»Ach«, sagt die Frau, »es war gar nichts mit dem Apparat. Mein Mann und ich hatten nur unsere Brillen vertauscht!«

Vorsatz

Der Opa fragt seinen kleinen Enkel: »Hast du dir auch etwas für die Fastenzeit vorgenommen?«

»Aber sicher, Opa«, antwortet dieser, »ich gebe unserem Hund seit Aschermittwoch keine Wurst mehr.«

Kein graues Haar

Herr Direktor Wagner ist sechzig Jahre alt geworden. Zur abendlichen Feier hat er seine Angestellten und ihre Angehörigen eingeladen.

Der Personalchef darf neben der Frau Direktor sitzen. Er schaut auf ihren blonden Lockenkopf und macht ihr ein Kompliment: »Sie werden immer jünger, Frau Direktor – kein einziges graues Haar mehr!«

Wie alt?

»Wie alt sind Sie eigentlich?«

»Raten Sie!«

»Schwer zu sagen – aber für Ihr Alter sehen Sie glänzend aus.«

Zahnarztrechnung

Auch in Amerika werden Zahnarztrechnungen manchmal höchst ungern bezahlt. In Chicago wußte sich ein Zahnarzt zu helfen. Er schrieb der säumigen Patientin folgenden Brief:

»Sehr geehrte Frau ... Da Sie bis heute meine Rechnung nicht beglichen haben, sehe ich mich leider gezwungen, folgende Anzeige in der hiesigen Tageszeitung aufzugeben: Künstliches Gebiß, ganz hervorragende Arbeit, umständehalber zu verkaufen. Jederzeit zu besichtigen bei Frau ..., Straße ...«

Am nächsten Tag hatte der Zahnarzt sein Geld.

... einen Baum pflanzen

Die Großstadt besteht aus unendlich vielen Straßen und Häusern, aber hier und dort klafft sie weit auf, und da ist mitten im Häusermeer ein Stück Natur zurückgeblieben: die Laubenkolonien, die Schrebergärten. Zugegeben, im Winter und im Spätherbst sehen sie nicht gerade schön aus. Die Bäume und Sträucher sind naß und schwarz, die Beete kahl, und die Lauben, nicht mehr von Blättern, Ranken und Blumen umgeben, sehen meist dürftig aus. Im Frühling, im Sommer und im Frühherbst jedoch versinken sie in Grün und Buntheit, und manch einer, der sonst keinen Blick für die Laubengärten übrig hat, lenkt seine Schritte zu ihnen und geht gern zwischen ihnen umher. Er sieht den Leuten bei der Arbeit zu, beim Umgraben, beim Auspflanzen, beim Jäten und, ja, vor allem bei der Ernte und auch beim Kaffeetrinken unter Weinranken oder beim Nichtstun im Liegestuhl.

Ich gehöre auch zu denen, die nur schauen.

Als ich kürzlich wieder durch eine Laubenkolonie ging, nur um zu sehen, wie weit es nun mit den Pflanzen, den Blumen und den Gemüsebeeten sei, und um mit den Leuten ein Gespräch über den Zaun zu haben, da sah ich in einem der Gärten einen alten Mann. Er setzte ein winzig kleines Bäumchen in die Erde, drückte die Krume um den schmächtigen Stamm fest und goß ihn dann an. Ich blieb stehen und fragte, was er da pflanze. Der alte Mann schien zu einem Gespräch aufgelegt; er stand auf, klopfte sich die Erde von den Knien und erwiderte, er habe soeben einen Apfelbaum gesetzt, eine Blenheimer Goldrenette.

»Einen Apfelbaum?« fragte ich und sah dabei den alten Mann an. Sein Rücken war gebeugt von der Last, die ein langes Leben ihm auferlegt hatte.

»Wie lange dauert es denn, bis …« fragte ich weiter. Er schien meine Gedanken zu erraten.

»Man muß warten können«, sagte er und begleitete seine Worte mit ausgestrecktem Zeigefinger. »Die meisten Menschen können nicht warten, sie möchten immer gleich ernten, auf der Stelle und möglichst ohne Bemühung. Man muß warten können, und Zuversicht muß man haben. Ohne Zuversicht kann man keinen Garten bestellen.«

Ich dachte an die Zeitung, die in meiner Tasche steckte und in der ein Wissenschaftler kühl und sachlich darüber schrieb, daß man bald theoretisch so weit sei, den Erdball auseinanderzusprengen oder doch durch eine Absprengung das Gleichgewicht und die Rotation der Erde so grundlegend zu stören, daß ein Absturz in das Nichts wahrscheinlich sei.

»Ob ich das noch erlebe, daß dieses Stämmchen Früchte trägt«, fuhr der alte Mann fort und stopfte eine alte, verblichene Tabakspfeife, »ich weiß es nicht. Aber darauf kommt es ja auch nicht an. Wichtig ist, daß man die Saat legt. Haben Sie Feuer?«

Ich ließ mein Feuerzeug aufspringen und reichte es ihm über den Zaun. »Aber die Saat ist doch ständig in Gefahr«, sagte ich und konnte meine Gedanken von jenem Zeitungsartikel nicht losreißen.

Der alte Mann sog das Feuer schmatzend an und gab mir das Feuerzeug zurück. »Man muß sie natürlich pflegen und hüten.«

»Das meinte ich eigentlich nicht«, wandte ich ein. »Zum Beispiel …«

Er ließ mich nicht ausreden. »Sie meinen, die Früchte sind gefährdet durch Schädlinge, den Apfelblütenstecher, den Wickler und wie sie alle heißen?« Er paffte in langen Zügen. »Da muß man eben aufpassen.«

Er hatte mich noch immer nicht verstanden. »Ich meine eigentlich die Gefahren, die von den Menschen ausgehen«, sagte ich.

»Diebe«, ergänzte der Mann, »ich weiß. Sie haben uns manchmal arg zugesetzt, damals, als es nichts gab, aber jetzt ist hier bei uns schon lange nichts mehr vorgekommen.«

Er wandte sich um, denn aus der Laube waren ein Junge und ein Mädchen gekommen und hatten begonnen, sich einen Ball mit viel Geschrei zuzuwerfen.

»Meine Enkel«, sagte der alte Mann und lächelte. »Sie werden bestimmt einmal von diesem Stamm ernten. Die Blenheimer Goldrenette ist eine gute Sorte. Kennen Sie sie?«

Ich wußte es nicht. Ich gestand, daß ich gern Äpfel äße, aber ihre Namen seien mir nicht geläufig.

»Warten Sie einen Augenblick«, sagte der Mann. Er ging in die Laube und kam gleich darauf wieder zurück. In der Hand hielt er einen Apfel mit verschrumpelter rötlich-gelber Haut. »Es ist der letzte von der vorjährigen Ernte. Bitte, nehmen Sie!«

Ich wollte den Apfel nicht annehmen, aber der alte Mann bestand darauf, ihn mir zu schenken.

»In ein paar Jahren werden Sie hier einen stattlichen Apfelbaum vorfinden«, sagte er und wies mit der Pfeife auf den Setzling.

»Kommen Sie ab und zu hier vorbei und sehen Sie nach ihm.«

Als ich weiterging, nahm ich die Zeitung aus der Tasche und warf sie weg. Dann biß ich in den Apfel. Er war fest und süß.

Heinz Rein

Ich danke Gott mit Saitenspiel,
daß ich kein König worden;
ich wär geschmeichelt worden viel
und wär vielleicht verdorben.
Gott gebe mir nur jeden Tag,
soviel ich darf zum Leben.
Er gibt's dem Sperling auf dem Dach,
wie sollt er's mir nicht geben!

Matthias Claudius

✳

Ich kam, weiß nicht woher,
ich bin und weiß nicht wer,
ich leb', weiß nicht wie lang,
ich sterb' und weiß nicht wann,
ich fahr', weiß nicht wohin,
mich wundert, daß ich so fröhlich bin.

✳

Da mir mein Sein so unbekannt,
so steht es wohl in Gottes Hand,
die führet mich so aus wie ein,
so darf ich wohl getröstet sein.

Das beste Mittel, jeden Tag gut zu beginnen, ist: beim Erwachen daran zu denken, ob man nicht wenigstens einem Menschen an diesem Tage eine Freude machen könnte.

Friedrich Nietzsche

Freue dich nur mit mir! Es ist so traurig, sich allein zu freuen.

Gotthold E. Lessing

*

Eine der großen Sünden ist es, etwas nicht zu tun, was einem Mitmenschen Freude bereiten würde.

Zenta Maurina

*

Wer anderen eine Freude macht, beschenkt sich selbst.

Ralph Boller

Angekommen

Die Frau des alten Matthis war jahrelang krank und bettlägerig und dabei oft recht ungnädig. Trotzdem behielt er seinen Humor. Man traf ihn fast immer fröhlich an.

Als dann seine Frau gestorben war und er nach der Beerdigung nach Hause trabte, fiel ihm ein Dachziegel auf den Kopf.

Leicht verwundert blickte Matthis nach oben, rieb sich den Kopf und stöhnte: »Bist also doch gut im Himmel angekommen!«

Der erste Kuckuck

Zwei ältere Damen, von denen eine schwerhörig ist, stehen vor einem Bahnübergang. Von weitem braust ein Schnellzug heran und gibt ein dröhnendes Hupsignal ab.

Da sagt die Schwerhörige mit einem strahlenden Lächeln zu ihrer Partnerin: »Herrlich, das ist der erste Kuckuck, den ich in diesem Jahr gehört habe.«

Im Kino

Sie: »Könnten wir nicht einmal ins Kino gehen?«

Er: »Aber wir waren doch schon mal im Kino!«

Sie: »Ja, ich erinnere mich auch, aber inzwischen soll es Tonfilme geben!«

Verordnung

Der Arzt hat die hypochondrische ältere Dame gründlich satt und möchte sie loswerden.

»Wollen Sie nicht heiraten?« meint er. »Das würde Sie schlagartig von allen Beschwerden heilen.«

»Soll ich das als Antrag auffassen?« fragt freudig erregt die ältere Dame.

»O nein«, wehrt der Arzt ab. »Wir Ärzte verordnen zwar Medikamente, aber wir nehmen sie nicht selbst.«

An der Ampel

Eine ältere Dame steht an der Ampel und meint: »Wenn Orange kommt, Herr Wachtmeister, darf ich dann gehen?«

»Nein, gute Frau, erst bei Waldmeister!«

Der Lebensretter

Zwei ältere Frauen aus Schwaben treffen sich. Sagt die eine: »Stell dir vor, was mir gestern passiert ist. Beim Hauptbahnhof wäre ich beinahe unter ein Auto gekommen. Da hat mich plötzlich ein Mann zurückgerissen und mir das Leben gerettet. Ich konnte meinem Lebensretter gerade noch eine Mark in die Hand drücken.«

Darauf die andere: »Und was hat er gesagt?«

»Er hat mir fünfzig Pfennig wieder rausgegeben.«

Im Zug

Im Zug sitzen sich zwei Herren schräg gegenüber. Sonst ist im Abteil alles frei. Nach einer Weile spricht der ältere den jüngeren Fahrgast an: »Könnten Sie bitte so freundlich sein und meinen Fuß auf den gegenüberliegenden Sitz hochlegen?«

»Aber selbstverständlich«, erwidert dieser.

Einige Zeit vergeht. Dann meldet sich der Ältere wieder zu Wort: »Würden Sie bitte auch meinen anderen Fuß noch hochlegen?«

»Ja, gern!«

Nach einer weiteren Pause: »Dürfte ich Sie auch noch darum bitten, mir dieses kleine Kissen in den Rücken zu legen?«

»Natürlich, aber bitte sagen Sie mir doch, was haben Sie eigentlich?« fragt schließlich der Jüngere.

Darauf der Ältere: »Urlaub!«

Ich liebe meinen Gartenzwerg

Ich habe einen Neffen, der schon in der Schule nicht recht taugen wollte. Er trieb sich eine Zeitlang in der Blumenzwiebelkultur herum, trommelte darauf ein wenig in einem unartikulierten Orchester, kaufte sich danach ein gesprenkeltes Halsschleifchen und wurde Innenarchitekt. Eigentlich war er ein netter Bursche, doch einige Menschen sind dazu vorausbestimmt, und ich habe ihn auch nie unfreundlich empfangen. Aber glücklich war ich trotzdem nicht, als er jetzt kam. Er pflanzte sich mitten im Zimmer auf und schaute sich vorwurfsvoll um.

»Spießig«, sagte er, »stockspießig.« Er setzte sich und fuhr fort: »Häßlich macht nichts. Spießig ist schlimm.«

Er hatte den Nagel auf den Kopf getroffen. Ich bin nämlich spießig. Kein gewöhnlicher Spießer, sondern ein furchtbarer Spießer. So besitze ich zum Beispiel ein Zigarrenkistchen mit Spieluhr. Wenn Sie da eine Zigarre herausnehmen, können Sie den »Lieben Augustin« hören. Ich finde das wunderbar.

Und mitten im Zimmer steht ein dreibeiniger Tisch mit einem Häkeldeckchen darauf. Und auf dem Deckchen steht ein Blumentopf mit einer Hortensie. Ich finde das fabelhaft.

Und auf unserer Diele befindet sich eine marmorne Säule, auf der eine nackte Frauenfigur steht. Nicht ganz nackt, verstehen Sie mich recht, aber doch so ziemlich. Diese Frau hält ein Lämpchen, und dieses Lämpchen fängt von selbst zu glühen an, wenn die Haustür aufgeht. Es ist eine Idee von Onkel Willi, der viel mitgemacht hat. Früher litt ich öfters einmal unter Depressionen, aber seit Onkel Willi mir das Lämpchen geschenkt hat, denke ich oft: was auch immer geschehen mag, das Lämpchen hast du.

Aber das Schönste hätte ich beinahe vergessen. Da ist ein Zwerg im Garten. Durch den Garten läuft ein Kiesweg, mit einem

Betonrand abgesetzt. Und in der Mitte steht dieser Zwerg, der einen Schubkarren schiebt. In dem Schubkarren ist ebenfalls Kies. Die Idee dabei ist nun die, daß der Zwerg diesen Kies selbst in den Garten gekarrt hat. Natürlich geht das nicht, denn er ist aus Stein. Aber es ist die Idee. Ich kann mir manchmal stundenlang vor dem Fenster ins Fäustchen lachen bei dem Gedanken, daß ich selbst auf diese Idee gekommen bin. Ich muß Ihnen noch dazu sagen, daß ein paar Scheiben in dem Fenster aus Buntglas sind. Schauen Sie nun durch eine rote Scheibe, dann sehen Sie den Zwerg rot, schauen Sie durch eine blaue, dann sehen Sie ihn blau. Je nachdem also. Nächstes Weihnachten bekomme ich eine gelbe. Alles auf einmal geht nicht.

Mein Neffe findet das spießig. Er nahm mich zur Seite und sagte: »Ich muß einmal ernstlich mit dir sprechen.« Zehn Gulden, dachte ich, und keinen Pfennig mehr. Aber er kam mir ganz anders. »Bist du ein Individuum?« fragte er mich geradeheraus. Nun halte ich nicht viel von dieser Art Fragen, denn wie man es auch dreht, den Zehner ist man los. Ich wühlte in meiner Tasche, aber er hielt mich zurück.

»Es geht um dich«, sagte er und sah mich offen an, »du bist ein Individuum, gib es zu.« Nun, dagegen ließ sich schwerlich etwas einwenden. »Gut«, sagte er, »dann gib deinem Interieur einen individuellen Akzent. Drücke deine Individualität in deiner Umgebung aus, lege eine eigene Note hinein, laß deiner Persönlichkeit die Zügel schießen, getraue dich, du selbst zu sein in deinem Vorhang, knalle deinen Charakter in den Flurteppich und wirf dich skrupellos in den Garten.«

Der Junge sprach gut, kein Zweifel. Auf einmal hatte ich eine Eingebung. »Hör zu, Jan«, sagte ich, »weißt du auch, was für ein Individuum ich bin?«

»Ja, ein Spießer«, sagte er.

»Richtig«, sagte ich, »dann ist ja alles gut. Ich lasse mir die Zügel schießen, vollkommen. Rauchst du?«

Er nahm eine Zigarre und biß schweigend die Spitze ab. Der »Liebe Augustin« klimperte fröhlich durchs Zimmer. Draußen stand der Zwerg und schaute mich wohlgefällig an. Sie müssen unbedingt einmal kommen und sich alles ansehen. Aber nach Weihnachten. Dann ist er gelb.

Godfried Bomans

Graue Haare

Vitus zu seinem Freund Armin: »Ich kann meinen Vater überhaupt nicht verstehen. Immer sagt er, ich sei schuld an seinen grauen Haaren. Warum gibt er denn nicht zu, daß er alt wird?«

Hörgerät für den Opa

Der kleine Christoph geht ins medizinische Fachgeschäft.

»Ist das Hörgerät für meinen Opa fertig?« fragt er.

»Noch nicht, mein Junge«, antwortet der Inhaber freundlich. »Braucht es dein Opa denn so dringend?«

»Das nicht«, erwidert der Kleine, »aber meine Oma möchte ihm mal wieder so richtig den Marsch blasen!«

Lange Geschichte

Eines Tages durfte Stefan mit Tante und Onkel einen längeren Ausflug machen. Als er abends wieder nach Hause kam, sollte er erzählen, was er alles erlebt hatte.

Der Junge kratzte sich am Hinterkopf und meinte: »Wißt ihr, wieviel Tante Waltraud auf einmal erzählen kann? Eine Geschichte von sechzig Kilometern! Ich hab' extra auf den Tacho geguckt!«

Ballettunterricht

An einem kalten Wintermorgen zog der Opa gerade seine langen, warmen Unterhosen an. Da kam plötzlich seine fünfjährige Enkelin Katja ins Zimmer. Das Mädchen blieb wie angewurzelt stehen und meinte: »Opa, ich wußte gar nicht, daß du auch zum Ballettunterricht gehst!«

Zum Geburtstag

»Was soll ich dir denn zum Geburtstag schenken?« fragt die Großmutter ihren Enkel.

»Am liebsten Schallplatten«, erwidert dieser.

»Aber welche denn?«

»Ganz einfach, Oma. Du gehst in den Laden und hörst dir ein paar an. Die Platten, die dir gar nicht gefallen oder die dir besonders schrecklich vorkommen, die schenkst du mir. Die sind nämlich für mich genau die richtigen!«

Spruchweisheit

»Ich werde lieber einen alten Mann fragen, wann er sterben werde, als eine gealterte Frau, wann sie geboren wurde.«

Goldene Hochzeit

Tante Edith feiert mit Onkel Gerold goldene Hochzeit.

»Was ist denn das, goldene Hochzeit?« will die kleine Evi wissen.

»Ja«, sagt die Tante, »das bedeutet, daß Onkel Gerold und ich fünfzig Jahre miteinander gelebt haben.«

Darauf die Kleine: »Und warum wollt ihr jetzt heiraten?«

In der Nacht

Der alte Herr trifft nachts um ein Uhr auf der Straße einen Jungen, der etwa zwölf Jahre alt ist. Kopfschüttelnd spricht er den Knirps an und fragt: »Was machst du denn hier? Mußt du nicht längst im Bett liegen und schlafen?«

»Wieso?« meint der Junge völlig erstaunt. »Ich bin doch nicht verheiratet!«

Freundlichkeit erhellt das Leben

Eine Ärztin, die während ihrer beruflichen Zeit ungemein aktiv gewesen war, schrieb eines Tages in einem Brief: »Ich bin jetzt siebenundsechzig und befinde mich seit einem Jahr im Ruhestand. Jeden Morgen bin ich dankbar für die vergangene Nacht. Außer dem täglichen Gebet habe ich immer noch genug Arbeit. Fast regelmäßig besuche ich anhängliche alte Patienten, erzähle ihnen Erfreuliches, mache für die Bettlägerigen auch Behördengänge und Schreibarbeiten. Das Wort Langeweile ist mir ein Fremdwort.«

Altsein bedeutet nicht, daß sich der Mensch untätig in sein Schneckenhaus zurückzieht. Der alte Mensch ist vielmehr dazu aufgerufen, aus sich heraus- und auf andere zuzugehen. Im Dienst für andere bekommt das Alter seinen Sinn und seine Lebendigkeit. Wer dies versucht, wird im letzten Lebensdrittel sicher auch oft *allein,* aber niemals *einsam* sein.

Erinnern wir uns doch, wieviel wir an Güte, Hilfe, Herzlichkeit, Anregung von anderen empfangen haben! Was wären wir ohne jene Menschen, die Freude und Ordnung in unser Leben brachten? Machen wir es ihnen nach! Gehen wir aufeinander zu! Freuen wir uns an der Begegnung mit unseren Mitmenschen! Werden wir immer wieder zum Geschenk für andere! Nur so können wir unsere Umwelt vor dem Kältetod bewahren.

Noch heute können Sie, liebe Leserinnen und Leser, jemandem sagen und zeigen: »Ich will dir eine Freude machen.« Ein lobendes Wort, ein freundliches Gesicht, eine gute Tat, die teilnehmende Frage: »Wie geht es Ihnen?« oder: »Haben Sie vielleicht einen Wunsch?« – diese und viele andere kleine Schritte können durch (fast) nichts in der Welt ersetzt werden!

Freude erschöpft sich nicht in äußeren Dingen: in Erfolgen, Ansehen oder Prestige. Freude ist ein Stück *Herz,* das man liebend verschenkt. Und dazu sind wir alle aufgerufen. Auf diesem Gebiet kann jeder ein Erfindergenie sein oder – vorsichtiger formuliert – es wenigstens werden wollen.

Freude ist die Wurzel des Guten. Sie will geteilt, weitergegeben werden. Freude wirkt weiter in unseren Mitmenschen, steckt an. Innerhalb von 24 Stunden hätte unsere Welt ein anderes Gesicht, wenn jeder von seiner Freude an andere weitergeben würde! Eine freudige, helle Ausstrahlung ist eine große Wohltat für alle Menschen.

Eine fünfundsiebzigjährige Frau, die in einem ländlichen Pflegeheim lebte und schon seit längerem bettlägerig war, ließ es sich nicht nehmen, ihrer Umwelt viel Freude zu machen. Mit liebenswürdiger Unbefangenheit beschenkte sie alle, die zu ihr kamen, mit dem Frieden ihres Herzens. Sie hörte aufmerksam zu, erzählte Interessantes, schenkte Trost und gab klugen, handfesten Rat.

»Ich will mit Gottes Hilfe wenigstens noch ein kleiner Ofen sein, von dem

Wärme ausgeht«, sagte sie eines Tages lächelnd zu einem Besucher.

Im übrigen: Ein Dienst, eine Hilfe, eine Gefälligkeit, kurz eine Freude, die man anderen zuteil werden läßt, erhält man in vielfacher Weise wieder zurück. Es ist eine alte Erfahrung: Wer andere beschenkt, beschenkt sich selbst am meisten. Oder anders gesagt: Je mehr man schenkt, desto mehr wird man beschenkt. Und die Freude, die ich dem anderen mache, kehrt immer wieder in mein eigenes Herz zurück.

Freude machen ist gerade für den älteren Menschen die beste Medizin. Ich darf Ihnen diese auch von Ärzten und Psychologen immer wieder empfohlene »Arznei« an einem abschließenden Beispiel erläutern:

Im Wartezimmer eines Arztes saß ein Patient, einer von vielen. Sein vergrämtes Gesicht war der sprechende Ausdruck seines freudlosen Inneren. Während er warten mußte, studierte er mißmutig die Bilder an den Zimmerwänden. Da blieb sein Blick plötzlich an einem Spruchband haften, das bescheiden zwischen zwei Bildern hing. In großen schwarzen Buchstaben war darauf zu lesen: »Der hat sein Leben am besten verbracht, der die meisten Menschen hat froh gemacht!«

Der Mann, etwa sechzig Jahre alt, kam nicht mehr von diesem Satz los. Immer und immer wieder mußte er den Spruch lesen. Langsam ließ er Wort für Wort an seinem geistigen Auge vorbeiziehen. Und je intensiver er über das Gelesene nachdachte, desto mehr löste sich sein innerer Bann.

Der Mann erkannte mit einem Male, worin seine Lebensaufgabe bestand. Er wußte plötzlich, wohin er gehen mußte, um geheilt zu werden: zu einem anderen Menschen, um ihm eine Freude zu machen!

Freude ist das gigantischste Geheimnis des Christen.   Gilbert Keith Chesterton

✶

Freue dich jeglicher Freude, weil jegliche Freude von Gott kommt!

Johann Kaspar Lavater

✶

Das Letzte für den Christen ist nicht Angst, sondern Freude und Triumph.

E. J. Walten

✶

Freut euch im Herrn zu jeder Zeit! Noch einmal sage ich: Freut euch!

Philipper 4,4

✶

Lerne die wahre Freude, und du wirst Gott kennen lernen!   Sri Aurobindo

Gott ist die Freude. Deshalb hat er die Sonne vor sein Haus gestellt.

Franz von Assisi

*

Die Freude im Menschenleben hat mit Gott zu tun. Die Kreatur kann dem Menschen in vielerlei Gestalt Freude bringen oder Anlaß zur Freude sein.

Alfred Delp

*

Wenn ich an Gott denke, ist mein Herz so voll Freude, daß mir die Noten von der Spule laufen.

Joseph Haydn

*

Wer stehen bleibt, ehe er die Freude gefunden hat, bleibt stehen, bevor er Gott gefunden hat.

Ernst Hello

Zuviel des Guten

Der alte Rentner war Stammgast in einer Kneipe. Das Essen war nicht besonders, aber er hatte sich daran gewöhnt. Einmal aber schlug er mit der Faust auf den Tisch und beschwerte sich beim Wirt: »An Hufnägel im Gulasch bin ich ja schon gewöhnt! Wissen sowieso alle, daß es Pferdefleisch ist, aber noch ein Stück Holz drin, das geht zu weit! Pferd allein – in Ordnung, aber mit Wagen, das ist zuviel des Guten!«

· Neue Besen

Ein Pfarrer hatte seiner Gemeinde schon viele Jahre gedient und meinte, es sei nun vielleicht doch an der Zeit, einem Jüngeren mit frischer Kraft und neuen Ideen Platz zu machen.

Aber bevor er etwas unternahm, sprach er mit einem der alten Bergbauern über seine Absicht, sich zur Ruhe zu setzen.

»Wissen Sie«, meinte er schließlich, »man sagt ja, neue Besen kehren gut.«

Der alte Mann dachte eine Weile nach. »Stimmt schon, Herr Pfarrer«, sagte er dann, »neue Besen kehren gut. Aber der alte Besen weiß, wo der Dreck sitzt.«

✹ Alte Witze

»Seit über dreißig Jahren«, erzählt ein Komiker seinem Freund, »reise ich nun schon von einem Seniorentreff zum anderen. Aber was mir neulich passiert ist, das habe ich noch nie erlebt.«

Neugierig fragt der Freund zurück: »Ja, was ist denn passiert?«

»Stell dir vor, bei meinem letzten Auftritt kommt ein fünfundneunzigjähriger Mann auf mich zu und sagt: ›Wissen Sie, guter Mann, was ich mir immer schon gewünscht habe? Daß ich so alt werde wie Ihre Witze!‹«

Der Unterschied

»Kennen Sie den Unterschied zwischen einem dreißigjährigen, einem fünfzigjährigen und einem siebzigjährigen Menschen?« fragte eines Tages Albert Schweitzer einen Besucher.

Bevor dieser antworten konnte, gab der Urwaldarzt selbst die Antwort:

»Der Dreißigjährige hat das Gesicht, das Gott ihm gegeben hat. Der Fünfzigjährige hat das Gesicht, das das Leben ihm gegeben hat. Und der Siebzigjährige hat das Gesicht, das er verdient.«

Die lieben Alten

Bei alten Menschen habe ich immer gerne Besuche gemacht. Sie sind lebendige Zeugen einer vergangenen Generation. Sie wurden geboren, als wir einen König hatten und das Leben von Sitte und Ordnung geprägt war. Man ging einst selbstverständlich in die Kirche, und dabei wurde trotz allem, was man heute gegen das Gewohnheitschristentum sagt, eben doch mancher gute Grund eines Charakters gelegt. Man traute sich damals, das Böse noch bös und das Gute noch gut zu nennen, ohne das eine durch Erklärungen zu entschuldigen und das andere durch Aufdeckung eigensüchtiger Motive zu verdächtigen.

Man hatte Achtung vor dem älteren Menschen, weil er alt war, und vor dem Schultheiß, dem Pfarrer und dem Lehrer, weil sie ihr Amt hatten.

Aber die alten Menschen haben viel umlernen müssen. Ihre Kinder und Enkel denken und reden so anders, als sie das früher gewohnt waren. »Ach, es ist manchmal gar nicht schön, so alt zu werden«, sagte mir eine Frau an ihrem 85. Geburtstag. Ich hatte sie gerühmt, daß sie so geistesfrisch und mitten in ihrer Familie lebend ihr hohes Alter erreicht habe. »Was mich bewegt, verstehen die Jungen nicht. Ihre Probleme liegen mir so fern, und meine Altersgenossen leben nicht mehr.«

Das ist auch die wahre Einsamkeit des Alters. Man wächst hinaus über die nächste Generation und wird ihr fremd. Bei manchen kommt noch dazu, daß sie allein wohnen. Nicht selten haben sich alte Menschen den Essenzubringerdienst bestellt, damit jeden Tag »der nette junge Mann« kommen muß. Ein alter Herr bezeichnete den Fahrer des Diakonischen Werks als »Kriegsfreiwilligen«. Das war eine Zusammenfassung von Kriegsdienstverweigerer und Ersatzdienstleistender, außerdem kannte er diesen Ausdruck von seiner Zeit im Ersten Weltkrieg.

Schade, daß die ganze Weisheit, Lebens- und Glaubenserfahrung mancher alten Menschen von ihnen nicht besser weitergegeben wird. Wahrscheinlich schweigen sie davon, weil die nächste Generation ihre eigenen Erfahrungen machen muß und das, was die Alten erlebt haben, gar nicht hören und aufnehmen kann.

Freilich, manche Alten haben auch in ihrem langen Leben nur ein Jahr ans andere gereiht und nur zugenommen an Alter, aber nicht, wie es einmal in der Bibel heißt, »an Gnade bei Gott und den Menschen«.

Bei meinen ersten Altenbesuchen als Vikar war ich überrascht über die Offenheit und das Vertrauen, das mir, dem jungen Menschen, entgegenkam. Nicht bloß die intimsten Ehegeschichten wurden mir bekannt, auch die Darlegung körperlicher Beschwerden bis hin zu Schwierigkeiten beim Kinderkriegen wollten mich verwirren. Und es war nicht leicht, die Besichtigung einer Operationsnarbe am Bauch einer alten Frau zu verhindern, wo doch der Chi-

rurg im Krankenhaus sie als sein Meister-
stück beurteilt hatte.

Bald nach Beginn meiner Vikarszeit sagte
man mir, ich müsse unbedingt gleich Fräulein X besuchen. Sie sei die Tochter eines
ehemaligen Forstmeisters, also sozusagen
»des Försters Töchterlein«. Sie sei um die
achtzig Jahre und habe das schlimmste
Mundwerk am Ort. Wenn ich ihre Zunei-
gung gewönne, sei es nur gut, denn im anderen Fall schwätze sie mich im ganzen Ort
herum. Also ging ich hin.

Sie wohnte in einem kleinen Ausding-
Häuschen mit zwei Zimmern, einer Küche
und vier oder fünf Katzen. Groß und hager
war sie, mit einem scharfgeschnittenen Gesicht und einer Nase wie ein Habicht-
schnabel. Mit fast zu großer Freundlichkeit
ließ sie mich Platz nehmen. Und dann legte
sie los. Sie schilderte mir das Dorf und
seine Bewohner in den schwärzesten Far-
ben. Vor allem der Schultheiß erschien als
übler Bösewicht und Leutebetrüger. Der
Lehrer tue zwar kirchlich, sei aber ein

Nazi. Und die früheren Pfarrer! Über jeden wußte sie etwas Nachteiliges, erst recht über die Pfarrfrauen und ihre ungezogenen Kinder. Dazwischen versuchte sie, mich auszuhorchen über das jetzige Leben im Pfarrhaus. Aber ich war vorgewarnt und darum auf der Hut.

Vielleicht hätte ich den Besuch früher abbrechen sollen. Aber ich war ja noch ein Anfänger. Zudem zog etwas Bestimmtes meine Aufmerksamkeit besonders an. Während ihres raschen, pausenlosen Redens drehte sich nämlich ihr Gebiß. Plötzlich waren anstelle der Schneidezähne die Backenzähne vorne und schauten mich an. Mit raschem Zugriff stellte sie die alte Ordnung wieder her. Aber beim nächsten Satz begann die Wanderung der Zähne von neuem. Fasziniert blickte ich auf dieses Schauspiel, das mich an alte Rathausuhren erinnerte, wo die zwölf Apostel im Kreis vorbeimarschieren. Sie nahm meine Aufmerksamkeit als Zeichen meines Interesses an ihren Ausführungen und redete immer eindringlicher auf mich ein, was das Karussell ihrer Zähne um so schneller drehte.

Endlich konnte ich mich verabschieden. Sie lud mich zum Abendessen ein für vierzehn Tage später. Aber da war Bibelstunde. Ach, sagte sie, was der Pfarrer da sage, wisse ich doch längst. Nein, sagte ich, da müsse ich dabei sein. Dann solle ich anschließend kommen, es gebe Hasenbraten und Spätzle. Nach der Treibjagd nächste Woche bekomme sie vom Förster wie jedes Jahr einen Hasen. Etwas gequält sagte ich zu.

Nun kamen für mich zwei arbeitsreiche, gefüllte Wochen. Ein neuer Pfarrer zog auf. Der Schulrat wollte mir den Eid auf Hitler abnehmen; weil ich ablehnte, verbot mir der Schulleiter den Religionsunterricht. Kurz, ich vergaß das Hasenessen. Erst ein paar Tage später fiel es mir wieder ein. Spornstreichs rannte ich zu Fräulein X. Sie war sehr beleidigt. Heute denke ich, sie war es mit Recht. Drei Tage habe sie Hasenbraten gegessen, und die Spätzle habe sie den Katzen gefüttert. Ich entschuldigte mich, so gut ich eben konnte. Aber sie blieb beleidigt. Ich ärgerte mich sehr über mich, und etwas Ähnliches ist mir nie wieder passiert. Warum habe ich den Besuch bloß vergessen? Dr. Freud, der Entdecker der Psychoanalyse, würde es wahrscheinlich wissen.

Es war ziemlich finster im Treppenhaus, als ich die drei schmalen Treppen emporstieg zur Wohnung von Herrn M., der seinen 90. Geburtstag feierte. Mit freudigem Lärm wurde ich von der zahlreichen Familie empfangen. Gerade sei der Schultheiß zur Gratulation hier gewesen. Er habe einen Geschenkkorb dagelassen. Der Korb stand auf dem Tisch. Zu meinem Erstaunen prangte daran ein großer goldener Fünfziger. »Jetzt hat er den falschen Korb abgegeben!« riefen sie. »Er hat doch gesagt, er gehe noch zu einer goldenen Hochzeit.« Wir telefonierten aufs Rathaus. Das sei schon ein bißle peinlich, meinten sie dort, vor allem, weil bei dem goldenen Jubelpaar jetzt »90« am Korb stehe. Aber der Inhalt sei derselbe.

Der Jubilar war klein, drahtig und dürr wie eine gedörrte Zwetschge. Er sei immer Turner gewesen. Seine Frau habe er auf dem deutschen Turnfest in Leipzig, es war etwa 1911, kennengelernt. Er zeigte auf eine Fotografie auf der Kommode, die ihn am Reck in langen weißen Hosen zeigte. Aber er turne heute noch. Die Treppen nehme er immer im Laufschritt mit Knieheben bis an die Brust. Schon rannte er aus der Tür und zeigte, wie er die Treppen »nahm«. Doch, bestätigte die Familie, der Großvater sei sehr rüstig. Aber auch sehr sparsam. Weil es im Treppenhaus so dunkel sei, hätten sie kürzlich von innen erleuchtete Lichtschalter angebracht. Jetzt suche er immer vor dem Zubettgehen, wie man auch diese Lichtquelle noch ausschalten könne.

Weil wir eine so zahlreiche Geburtstagsgesellschaft waren, sangen wir miteinander »Lobe den Herren, den mächtigen König der Ehren«. Der alte Herr fühlte sich dadurch angeregt und fragte, ob er sich noch ein Lied wünschen dürfe. Alle stimmten freudig zu. Ich dachte natürlich an einen Choral. Aber er meinte, damals in Leipzig hätten sie beim Einmarsch ins Stadion gesungen: »Turner, auf zum Streite«, und ob wir das nicht singen könnten. Die ganze Nachkommenschaft lehnte ab. Das sei ihnen unbekannt. Aber ich hatte dieses Lied am Anfang meiner Schulzeit noch gelernt. So sang ich mit dem Jubilar zusammen: »Turner, auf zum Streite, tretet in die Bahn! Kraft und Mut geleite uns zum Sieg heran. Ja, zum höhern Ziel führet unser Spiel. Ja, zum höhern Ziel führet unser Spiel.« Das ist ja wahrhaftig kein geistlicher Gesang. Aber der alte Herr sang mit tiefer Inbrunst, und die Tränen liefen ihm herunter.

Ein paar Wochen später ging er wie gewohnt abends zu Bett. Seine Tochter schaute wenige Minuten später nach ihm. Er lag säuberlich zugedeckt mit gefalteten Händen tot im Bett. Am Grab sprach ich über das Bibelwort: »Ich habe einen guten Kampf gekämpft, ich habe den Lauf vollendet, ich habe Glauben gehalten; hinfort ist mir beigelegt die Krone der Gerechtigkeit.« Ob er an seinem letzten Geburtstag bei dem Turnerlied wohl schon diese Stunde und das höhere Ziel vor seinen Augen gehabt hat?

Eine alte Frau, die bettlägerig war, hatte alles, was sie so brauchte, im Bett bei sich: Stricknadeln und Bücher, Geschirr und Besteck, Lesebrille, ein paar Äpfel und eine Büchse mit Anisbrot, und dies alles unter der Bettdecke. Wenn sie etwas brauchte, fand sie es verhältnismäßig rasch, weil sie ungefähr die Richtung wußte. Als ich sie besuchte, dauerte es nicht lange, und sie zog eine Flasche Malaga aus der einen und ein Glas aus der anderen Ecke unter der Bettdecke hervor, um mich bewirten zu können.

So konzentriert war es bei Frau E. zwar nicht; aber ihre Stube war so vollgestellt, daß man sich kaum bewegen konnte. Sie hatte nur diese einzige Stube, in der kochte, schlief und lebte sie. Es gab zwar eine Küche und eine Schlafstube. Aber sie wollte »ihr Sach beieinander« haben. Und weil sie gehbehindert war, hatte sie es so am bequemsten.

»Nemmet Se Platz«, lud sie mich ein. Aber es gab außer dem Stuhl, auf dem sie saß, nur noch einen, und auf dem lagen Kleidungsstücke.

»Mein' Unterrock hänget Se grad über die Stuhllehne«, riet sie mir. Darunter kam etwas Weißes zum Vorschein.

»Des isch mei Hos«, erklärte sie, »i brauch se heut net, es isch ja so warm.« Als ich auch dieses Kleidungsstück versorgt hatte, lag noch etwas auf dem Stuhl.

»Guck, mei Gebiß!« rief sie freudig aus, »ond i suchs scho de ganze Tag!« Sie nahm es an sich.

»So«, sagte sie dann befriedigt und faltete die Hände, »jetzt dürfet Se mit mir betta!«

Walther Küenzlen

Drum, wie wär es, alter Schragen,
wenn du mal die Brille putztest,
um ein wenig nachzuschlagen,
wie du deine Zeit benutztest. –

Ob du lebst im Griesgram heute,
ganz verkrault mit böser Miene
und die Last bist aller Leute
als brummer Bär und laun'ge Triene.

Dann kehr um, du alter Sünder,
werde wieder froh und heiter:
leb geborgen wie die Kinder
auf der schmalen Himmelsleiter!

Freuden gab dir Gott unzählig,
Wasser, Blumen, Licht und Erden,
Menschen, die dich lieben selig,
daß auch du kannst glücklich werden!

Wilhelm Busch

Der Bewerber

Der Personalchef wiegt bedenklich den Kopf, als sich ein fast sechzigjähriger Herr um die ausgeschriebene Stelle bewirbt: »Ich weiß nicht, ich weiß nicht… Sie sind ja schon etwas älter und nicht mehr so beweglich…«

»Na und?« wundert sich der Bewerber. »Suchen Sie einen Buchhalter oder einen Vorturner?«

Zerstreuter Professor

Eine ältere Frau trifft eines Tages auf der Straße einen zerstreuten Professor und sagt: »Sie haben es sicher schon vergessen, Herr Professor, aber einst haben Sie um meine Hand angehalten.«

Der Professor schaut sie erschrocken an und fragt: »Und – haben wir geheiratet?«

Eine Karamelle

Im Theater tastet ein älterer Herr angestrengt auf dem Fußboden herum. Seine Nachbarin fühlt sich dadurch sehr gestört und fragt schließlich den Mann: »Was haben Sie denn eigentlich verloren?«

»Eine Karamelle«, antwortet dieser.

»Was, und wegen diesem lächerlichen Bonbon verursachen Sie eine derartige Störung?«

»Ja, wissen Sie«, lautet die Antwort, »da hängen meine Zähne dran!«

Süßes für die Bären

»Oma, spiel mit uns! Wir spielen nämlich die Bären im Zoo.«

»Und was soll ich dabei?« fragt die Großmutter zurück.

»Du bist eine nette alte Dame, die den Bären immer Süßigkeiten zuwirft.«

Zuerst denken

Eine alte Dame, die als Zeugin vor Gericht auftreten mußte, antwortete auf jede Frage mit: »Also, ich denke...«

»Denken Sie nicht«, fauchte der Verteidiger sie an. »Sagen Sie uns, was Sie wissen, und nicht, was Sie denken!«

»Entschuldigen Sie, mein Herr«, entgegnete die Zeugin, »ich bin kein Rechtsanwalt. Ich muß zuerst denken, bevor ich etwas sage!«

Beim Kaffeekränzchen

Beim Kaffeekränzchen beklagen sich die Damen darüber, daß ihre Männer nicht mehr so nett zu ihnen seien, seit sie älter würden.

Eine der Damen ist anderer Ansicht und meint: »Das kann ich gar nicht begreifen. Je älter ich werde, um so mehr freut sich mein Mann und interessiert sich für mich.«

»Da haben Sie aber ein Wunder von einem Mann!« sagt eine der Damen.

Eine andere fragt: »Ja, sagen Sie mal, was ist denn Ihr Mann von Beruf?«

»Altertumsforscher«, kommt stolz die Antwort.

Zwei Jahre älter

Der älteste Bürger der Stadt ist 104 Jahre alt geworden. Zu den Gratulanten gehört auch ein Reporter der Tageszeitung. »So, Sie sind also der älteste Einwohner unserer Stadt!«

»Nein«, flüstert der Alte, »meine Frau ist noch zwei Jahre älter. Aber das darf niemand wissen!«

Quellennachweis

Godfried Bomans, Feuilletons © by Langen Müller in der F. A. Herbig Verlagsbuchhandlung GmbH, München

Walter Küenzlen, Lachen und Weinen hat seine Zeit, Stuttgart ³1998

Amei-Angelika Müller, Pfarrers Kinder, Müllers Vieh, Eugen Salzer-Verlag, Heilbronn 1978

Heinz Rein, mit freundlicher Genehmigung

Der Autor

Dr. phil. Reinhard Abeln, geb. 1938 in Osnabrück.
Verheiratet, zwei Kinder.
Nach der ersten Lehramtsprüfung Studium der Philosophie, Psychologie, Pädagogik und Anthropologie.
Seit 1970 Journalist in der Kirchenpresse und Referent in der Erwachsenenbildung.
Bekannt durch zahlreiche Veröffentlichungen über Familien-, Ehe-, Erziehungs- und Lebensfragen.